Pierre Temouillat

L'Araignée

L'ARAIGNÉE

MONOLOGUE

DU MÊME AUTEUR :

Imprimerie générale de Châtillon-sur-Seine. — A. Pichat.

PIERRE TRIMOUILLAT

L'ARAIGNÉE

MONOLOGUE EN VERS

dit par M. **DUARD** de l'Odéon.

PARIS

TRESSE & STOCK, ÉDITEURS

8, 9, 10, 11, GALERIE DU THÉATRE-FRANÇAIS

Palais-Royal

1886

L'ARAIGNÉE

A mon ami Louis Kolf.

Moi dont tous les époux essuient la raillerie,
A mon tour, dans un mois d'ici, je me marie.
— Vous allez voir comment je me trouve forcé,
A l'âge où l'hymenée est un acte insensé,
D'aller, moi plein de goût, prendre une légitime
Laide — à ne pas tenter l'ami le plus intime !
A certaine soirée où (quoique pas renté)
Je brillais parmi la plus riche parenté,
A titre de cousin, donc, je me trouvais être
Le cavalier servant du disgracieux être
Qui me devra bientôt, de par l'autorité,
L'obéissance — ainsi que la fidélité . .

L'obéissance est tout ce que j'exige d'elle !
Plus qu'il ne le faudrait elle sera fidèle :
Sa laideur m'en répond ! Pour cette Hélène, hélas !
Quel Pâris daignera me faire — Ménélas !
Devant le père, orné de sa *ferblanterie,*
Pendant tout le diner j'eus la galanterie
De paraître amoureux du laideron : J'ai fait
Ce qu'à ma place eût fait tout cavalier parfait !

- Chacun causait, tranquille, à son voisin de table,
Quand retentit un cri terrible, épouvantable !
Ce cri, pareil à ceux que doivent en enfer
Pousser les malheureux que rôtit Lucifer,
Etait proféré par ma voisine — indignée
De voir vers ses jupons courir une araignée.
—Galant, je poursuivis l'insecte. — Par les cieux!
Tu vas, fis-je, expier ton crime audacieux !
Actéon — qui subit cette métamorphose
A laquelle souvent le mariage expose —
Paya cher un coup d'œil furtif inconséquent...

— Je me croyais certain de mon triomphe, quand
Un tout jeune convive aperçut — l'araignée
Qui prudemment de moi se tenait éloignée...

— Adèle lui fit grâce, heureuse, au fond, d'avoir
Montré son bas de jambe... Il est de mon devoir
De l'avouer parfait... (C'est là, je le soupçonne,
Tout ce qu'elle a de beau dans sa laide personne !)
— Or si cet animal ne m'avait pas, comme un
Tentateur, conduit vers cet objet — peu commun,
Jamais je n'eus juré devant Monsieur le Maire
Aide et protection à pareille commère !
C'est sûr. Mais cette jambe exquise me trottant
Dans la tête, à propos de tout j'en parlai tant,
Je mis à la louer un si généreux zèle,
Qu'enfin je compromis l'affreuse demoiselle ...
— Voilà pourquoi l'on va m'enrôler malgré moi
Dans la troupe de ceux que je mis en émoi —
Chaque fois qu'à mon goût ils avaient pris leur femme !
Et cela par le fait d'une araignée infâme !
...Dire que je pouvais rester jusqu'au trépas
Libre, prenant partout et maîtresses et repas,
Et qu'il va me falloir, à la fleur de mon âge,
Prendre pour tout plaisir part au soin d'un ménage !

Ainsi, pour un honneur qui n'a souffert en rien,
Il me faut au hasard abandonner le mien
Et solennellement prendre pour ménagère

Un monstre !

       Quand je dis un monstre, j'exagère.
Elle n'est pas trop laide, à bien l'examiner...
Mon Dieu, si l'on voulait sur tout les chicaner,
Peu de femmes seraient d'une beauté parfaite.
Oui. je pouvais tomber plus mal. Sa taille est faite
Au moule et, vu le bas de jambe sculptural,
Je crois le corps bien fait, si le visage est mal...
J'aime encor mieux cela que le contraire, en somme.
Je ne le voudrais pas que ce serait tout comme ;
Mais raisonnons.

       Avec une épouse n'ayant
Pour tout autre que moi rien qui soit attrayant,
Mon honneur courra moins de risques. Sa figure,
Considérée à tort comme un mauvais augure,
Eloignera toujours les amis dangereux,
Et je vivrai tranquille, inattaquable, heureux...

O toi qui m'as su faire apprécier Adèle,
Oui, pour le bon motif troublant mainte cervelle,
Poursuis ton œuvre, va. Cherche d'autres appas
A découvrir aux sots ne les soupçonnant pas ...
Eclaire les esprits, comme le fit Voltaire,

Puisse maint laideron, dont le nom doit se taire,
Avoir une araignée à son service, afin
Qu'un connaisseur la juge et qu'on l'épouse enfin !

FIN

MONOLOGUES

IMPRIMERIE GÉNÉRALE DE CHATILLON-SUR-SEINE. — A. PICHAT.